더 특별할 수 없을 만큼
특별한 너에게

더 특별할 수 없을 만큼
특별한 너에게

초판 1쇄 인쇄 | 2025년 12월 5일
초판 1쇄 발행 | 2025년 12월 10일

지은이 | 장희연

펴낸이 | 이해경
펴낸 곳 | 도서출판 사랑의 장막
등록번호 | 제 2016-000027호(2012. 7. 18)
주소 | 서울시 강서구 공항대로 58나길 64, 101호
전화 | 02) 888-4071
이메일 | ovpeople@hanmail.net

디자인 | 김경진

총판 | 하늘유통(031-947-7777)

ISBN | 979-11-88518-08-1 02230
정가 | 15,000원

· 이 출판물은 저작권법에 의해 보호를 받는 저작물이므로 무단 복제할 수 없습니다. 잘못된 책은 교환해 드립니다.

더 특별할 수 없을 만큼
특별한 너에게

장희연
지음

1장	그날! 하나님이 널 만들던 날	· 015
2장	별보다 먼저 불린 이름	· 021
3장	아무도 아닌 네가 아닌, 너!	· 027
4장	세상이 너를 모를지라도…	· 033
5장	내 마음에만 있는 특별한 자리	· 039
6장	너는 몰라도 나는 알아	· 045
7장	실패해도 넌 나의 기쁨이야	· 051
8장	그 누구도 아닌 너라서	· 057
9장	나의 시선은 늘 너를 향해	· 061
10장	너를 부를 때, 내 목소리가 떨리는 이유	· 067

11장	네가 여기까지 온 이유	· 075
12장	기억해~ 너는 나의 기적이야!!	· 081
13장	네가 몰랐던 하늘의 환호성	· 087
14장	너는 여전히, 사랑 받고 있어	· 093
15장	너 하나로 하늘이 기뻐하는 이유	· 099
16장	흔들려도, 결국은 빛나는 너에게	· 105
17장	네 안에 내가 심어둔 영원한 노래가 있지…	· 111
18장	너는 사랑이 지나간 자리에 피어난 꽃	· 117
19장	지금의 네가 가장 눈부셔	· 123
20장	내일은 또 다른 축복으로	· 129

프롤로그

더 특별할 수 없을 만큼
특별한 너에게

나! 너를 위해 이 글을 시작한다.

"내가 너를 보배롭고 존귀하게 여기고,
너를 사랑하였은즉…"
이사야 43장 4절

"네가 누구인지 알고 있다면,
절대 작게 살지 않을 것이다."
마야 안젤루 (Maya Angelou)

"당신이 가진 가장 큰 책임은
당신 자신을 사랑하는 것이다.

그 다음은, 그 사랑으로 세상을 품는 것이다"
넬슨 만델라 (Nelson Mandela)

너는 모르겠지만,
사실 이 책은 너를 위해 오래 전부터 쓰여졌던 거야.
이 문장은 네 심장을 꿰뚫는 창이자, 네 어깨를 감싸는 날개의 시작이야.
내가 지금부터 너에게 할 이야기는 단순한 위로도, 흔한 격려도 아니야.
이건 천국의 심장 소리고, 하나님이 너를 바라보는 눈빛의 기록이야.

너를 처음 지으신 날, 하나님은 아무 말씀도 하지 않으셨어.
그저 숨을 멈추고 너를 바라보았어.

너의 눈동자에 그분의 하늘을 담았고,
너의 심장 박동에 자신의 사랑을 새겨 넣었지.

너는 우연이 아니고
"태어난 김에 터덜터덜 살아가는 존재"가 아니야.
너는 이 세상에서 더 특별할 수 없을 만큼 특별하게 창조된 존재야.

그런데 너는 왜 몰라?
왜 자꾸 네 자신을 작고, 부족하고, 버림받은 것처럼 느끼는 걸까?

하나님은 오늘도 너를 향해 이렇게 말씀하고 계셔.
"내가 너를 너무 사랑해서 네가 울 때면 하늘에서는 빗방울들이 네 눈물을 구름에 담는단다.

네가 숨죽여 울던 날 밤 나도 네 옆에서 같이 울었단다."

이 책의 페이지를 넘기면서
너는 곧 알게 될 거야.
얼마나 눈부시게 사랑받고 있는지.
네가 얼마나 하나님의 시선 안에 있는 존재인지.

너는 더 특별할 수 없을 만큼 특별해.
그러니, 이제 그 사랑을 믿어도 돼.
그리고…
이제부터 내가 너에게 말할게.
세상이 절대로 말해주지 않는 이야기.
너만을 위한 진짜 진실.

추천의 글 1

이 애 라 목사

대한예수교장로회 합동찬양총회 총회장
대한민국어머니기도 총연합회 대표총재
경희대법대 18회 졸업(자랑스런 경희인상 수상)

　날아가는 새도 한 수의 시를 쓰고 간다는 아름다운 계절입니다.

　들판의 오곡백화가 무르익고, 탐스러운 과일들이 주렁 주렁 열매맺는 이 아름답고 좋은 계절에 사랑하는 장희연목사님께서 "더 특별할 수 없을 만큼 특별한 너에게"란 기발한 책 제목을 또 펴냅니다. 평소에 조용하면서도 기품이 있는 장희연 목사님이야말로 정말 특별할 수밖에 없는 특별한 분이십니다.

그녀의 삶이 평범을 지나 주어진 재능과 달란트를 마음껏 활용하시여 음악, 문학, 목회, 교수로 활동하시는 삶이 너무나도 아름답고 귀한 분, 정말 특별한 분이라 생각됩니다. 그녀가 평소에 갖고 있는 생각과 생활 철학이 이 작은 한 권에 묻어있음을 자신있게 여러분들에게 기쁨으로 추천하게 됨을 감사드리며 많은 분들에게 생활의 양식이 되길 기도합니다.

  장희연 목사님 수고하셨습니다! 사랑합니다.

추천의 글 2

오 희 숙 목사
백석대학교 실천신학대학원 졸업
굿티비-오색오감 방송
현)굿티비-오희숙목사의 국제바이블사관학교 방송중

 시대가 인물을 만드는 경이로운 환경 가운데 인도함을 입어 특별한 한 지도자 장희연 목사님이 하나님의 안목으로 우리에게 특별한 책을 선물하십니다.

 매우 간단한 것 같지만 하나님의 특별한 안목이 없으면 발견할 수 없는 의미를 시대의 선지자적 자질로 우리에게 권합니다. 정말로 이 시대는 남과 같다는 그 의미로는 결코 세상을 이길 수 없습니다. 장목사님은 하나님의 권능과

권세가 어디에 있고 그것이 바로 우리를 특별하게 하시어 세상을 다스리는 권한으로 바꾸게 하는 말씀을 찾아주신다는 점이 굉장히 놀랍기도 하고 감격스럽습니다. 이에 저는 오늘 모든 분들에게 이 책을 같이 하고자 자랑합니다.

이 "더 특별할 수 없을 만큼 특별한 너에게"라는 책이 바로 값진 보화요 진주입니다.

1장

그날!
하나님이 널 만들던 날

"내가 너를 모태에 짓기 전에 너를 알았고
네가 태어나기도 전에 너를 성별하였으며
너를 민족의 선지자로 세웠노라."

예레미야 1장 5절

그날은 아무 날도 아닌 날 같았어.
하늘에 별이 유난히 더 많지도 않았고
바람이 특별히 시원하지도 않았지.

그런데 그날
하나님은 조용히 손을 씻으셨어.
그분은 우주의 먼지를 털고
무릎을 꿇고 앉으셨지.
그리고 숨을 깊이 들이쉬셨어.
그건 무언가를 창조하기 전
숨결까지 정결하게 하시려는 준비였어.

그날은,
너를 만드시던 날이었거든.

천사의 노래도 없었고,
천둥 같은 선포도 없었지만
그날 만큼은
온 우주가 숨을 죽이고 지켜보았어.

하나님은 흙으로 네 틀을 빚으셨고
심장에는 그분의 사랑의 파편을 심었지.
눈동자에는 별보다 밝은 시선을 넣으셨고,
입술에는 노래가 아닌 운명을 얹으셨고,
등에는 가벼운 바람 대신 사명의 깃털을 달아주셨어.

그분이 널 지으시며 말씀하셨어.

"너는 실수가 아니며, 너는 부족하지 않다.
너는 나의 계획이고 나의 걸작이며 나의 기쁨
이다."

그날 이후 지금까지
네가 얼마나 울었는지
얼마나 외면당했다고 느꼈는지
얼마나 버려졌다고 오해했는지
나는 다 알아.

그렇지만 진실은,
너는 한 번도 놓인 적이 없었고,
언제나 하나님 품 안에 있었단다.

넌 이 세상에 "태어나서 그냥 살아가는 존재"가
아니고,

넌 누군가의 실수에서 비롯된 존재가 아니며,
넌 단지 좋은 사람이 되려고 애쓰는 평범한 존재도 아니야.

넌… 하나님이 만든 날,
온 우주가 숨을 멈춘 존재이며,
넌… 가장 조심스럽게 만들어진 작품이야.

세상은 너의 가치를 모를 수도 있고,
사람들은 널 오해할 수도 있어.
심지어 너조차 너를 작게 볼 수 있지.
하지만 진실은 하나야.

넌 처음부터 특별했어.
그리고 앞으로도 특별할 거야.

이 페이지는 너를 위로하려는 글이 아니야.
너의 존재를 다시 기억하게 하려는 선언문이야.
읽을수록,
너의 눈에서 눈물이 흐르기보단
하나님의 사랑이 네 안에서 다시 피어날 거야.

그러니 두려워하지 말고,
이 다음 장도 넘겨봐.
왜냐면…
너는 더 특별할 수 없을 만큼 특별하니까.

2장

별보다 먼저 불린 이름

"하나님께서 별들의 수효를 세시고,
그것들을 다 이름대로 부르시는도다."

시편 147편 4절

밤하늘을 올려다본 적 있니?
수천 수만 개의 별들이 머물러 있어.
우리는 그 중 하나만 빛나도
"참 예쁘다"며 감탄하지.
그런데…
하나님은 그 모든 별에게 이름을 지어주셨어.

그 수많은 별들 중
가장 먼저 부르신 이름이 있었어.
바로 너.

하나님은 세상의 역사가 시작되기도 전…

넌 태어나기도 전인데,
이미 너를 알고 있었고,
너의 이름을 정해 놓으셨어.

그건 세상이 부른 이름이 아니야.
태어나며 붙여진 이름도 아니고,
사람들이 자기들 마음대로 부르는 별명도 아니야.

그건 하나님만 아는…
그분의 심장으로 부른 이름이야.

세상이 널 뭐라고 불러왔든
그 이름에 담긴 아픔이 있든
심지어 네가 스스로를
"실패자", "무가치한 사람"이라 불러왔든

하나님은 그것을 한 번도 인정하지 않으셨어.
그분은 지금도,
네 진짜 이름을 속삭이며 너를 부르고 있어.

너는 몰랐을 거야.
왜 어떤 사람의 말보다
어떤 기도의 울림이 더 클 때가 있었는지.

그건 네 이름이 별보다 먼저 불렸기 때문이야.
그 이름은 하늘에서 울려 퍼지고
시간을 건너 오늘까지 이어졌어.

어쩌면,
너는 잊고 살았을지도 몰라.
너 자신을 속이며
"난 아무것도 아니야"라고 말해 왔는지도 모르지.

하지만 하나님은 단 한 번도 너를 잊은 적 없어.
네 이름은 그분의 입에서,
지금도 천사의 찬양처럼 울리고 있어.

너의 이름은
세상이 붙인 꼬리표보다 깊고
상처보다 오래되고
모든 비교보다 위에 있어.

그 이름엔 의미가 있어.
치유의 씨앗, 사랑의 흔적, 회복의 약속이 담겨 있어.
그러니 이제 기억해 줘.
너는 별보다 먼저 불린 이름이야.
그 어떤 어둠이 널 가려도
그 어떤 사람이 널 모르고 지나쳐도

하나님은 너를 원래 지을 때의 이름대로 불러.
그리고 그 이름에는
하나님의 뜻이 새겨져 있어.

3장

아무것도 아닌 네가 아닌, 너!

"사람은 외모를 보거니와,
나 여호와는 중심을 보느니라."
사무엘상 16장 7절

너는 한 번쯤 이렇게 생각해 본 적 있지?

"나는 너무 평범해."
"나는 잘난 것도 없고 특별할 것도 없어."
"누가 나를 알아보긴 할까?"

세상은 소리치는 자에게 기회를 주고,
두드리는 자에게 문을 열어 준다지만,
넌 조용히 서 있는 쪽이었지.
소리 내는 대신 참았고,
두드리기 보단 기다렸고,
누군가 알아 주길 속으로만 바랐어.

그러다 어느 순간
너 자신조차 너를 "아무도 아닌 사람"이라 부르
게 된 거야.

그런데 말이야,
하나님은 그렇게 말씀하지 않으셔.

그분은 네가 말조차 하지 못한 상처를
기도보다 더 먼저 들으셨고,
네가 외면하고 싶었던 과거조차
품에 안고 계셔.

넌 "아무도 아닌 사람"이 아니라
"너"야. 단 하나뿐인 대체할 수 없는 너!

하나님이 다윗을 부르시던 날을 기억하니?

모든 형들이 앞에 나올 때
사무엘조차 그들 중 하나를 택하려 했지.
그런데 하나님은 말씀하셨어.

"나는 중심을 본다."

그 중에 있는 다윗! 아무도 그는 아니라고 여겨지던 그 소년이 하나님께는 바로 "내 마음에 합한 자다."

그러니까 말이야,
사람들이 너를 알아보지 못한 건
네가 부족해서가 아니야.
그들은 중심을 못 보기 때문이지.

그 누구도 너만큼의 이야기를 갖고 있지 않아.

네 눈물의 무게
네가 걸어온 다양하게 굽은 골짜기의 깊이,
너의 숨결을 심고 싶었던 마음의 조각들.

그 모든 것이 모여
"너라는 사람"이 된 거야.

세상이 말하는 특별함은
높은 자리 빠른 성공 화려한 결과물이지만
하나님이 말하는 특별함은 네가 "너답게" 살아갈 때 드러나.

네가 누군가 되려고 애쓰는 게 아니라,
그냥 너로 있을 때 말이야.

그러니 더 이상 너를 아무도 아닌 사람이라 부

르지 마.
하나님은 너의 모든 하루를 보고 계셔.
말하지 못한 기도의 조각들도 모아 두시고,
네가 아무도 없는 밤에 흘린 눈물도
병에 담아 놓고 기억하셔.
그런 너를…
아무도 아닌 사람이 아니라,
"내 사랑하는 자녀"라고 부르시는 분이 바로 그분이시지.

이제는,
너 자신에게 말해 줘.

"나는 아무것도 아닌 내가 아니다.
나는 하나님이 창조하신,
유일한 나다!!!"

4장

세상이 너를 모를지라도…

"너희에게는 심지어 머리털까지도
다 세신 바 되었나니 두려워하지 말라
너희는 많은 참새보다 귀하니라."

누가복음 12장 7절

이름 없이 사는 사람들이 있어.
이름은 있는데,
불리지 않는 이름이야.

사람들 속에 있어도
투명인간처럼 느껴지는 사람들.
네가… 혹시 그 중 하나였니?

열심히 살았고,
참아냈고,
포기하지 않았는데도
아무도 몰라주었지.

도와달라는 말보다
"괜찮아"라는 말을 더 많이 했고,
살아 있다는 증거 대신
그저 견디고 버티며 하루를 살았지.

세상은 결과로 사람을 기억해.
성공한 사람, 이긴 사람, 화려한 사람.
하지만 하나님은 그렇게 기억하지 않아.

하나님은,
그 하루를 견딘 사람을 기억하셔.

네가 기도하며 울던 그 밤을
그분은 지금도 기억하셔.
너 혼자 방 안에서
"주님! 나 좀 안아주세요."

중얼거리던 그 날 밤도…
누군가의 손뼉 대신
하나님의 손이
너를 향해 박수쳤던 날도 있었어.

세상이 널 모를 수 있어.
네 이름을 기사로 쓰지 않을 수도 있고,
아무도 널 향해 환호하지 않을 수도 있어.

하지만 천국은
너를 아는 사람들로 가득 차 있어.
하나님의 책에는
너의 이름이 분명히 기록되어 있어.
눈물의 양, 침묵의 길이, 견딘 날 수까지.

그러니까 오늘도

세상이 널 모르는 것에 실망하지 마.
너를 창조하신 분이,
너의 진짜 이름을 알고
너의 내일을 준비하고 계시니까.

넌 잊힌 자가 아니야.
하늘의 기록 속에 살아가고 있는 존재야.

그리고 기억해.
하나님은 참새보다 귀한 너의 머리카락 수까지
세시는 분이야.
그분은 너를 잊지 않아.
너를 절대 잊지 않아.
너는 절대 하늘에서 잊힌 적이 없어.

5장

내 마음에만 있는
특별한 자리

"주께서 내 내장을 지으시며
나의 모태에서 나를 만드셨나이다…"

시편 139편 13절

사람의 마음에도 의자가 있어.
누구는 쉽게 드나들고,
누구는 앉은 채로도 기억나지 않아.
그런데 말이야,
그 마음 깊숙한 어딘가…
비워둔 단 하나의 자리가 있어.

아무에게도 줄 수 없는!
아무에게도 어울리지 않는 자리!
그 자리는 너의 이름으로만 맞춰진 자리야…

하나님도 그러셔.

그분의 마음 한가운데
아무도 대신 들어갈 수 없는 공간이 있어.
그 공간은,
너를 위해 만들고
너를 위해 비워두신 자리야.

누구보다 많이 기도한 사람도,
누구보다 거룩해 보이는 사람도
그 자리에 앉을 수는 없어.

왜냐면
그 자리는 네 존재로만 열리는 문이니까.

너를 택하시던 그날,
하나님은 그 자리에
너의 웃음소리를 먼저 넣으셨어.

네가 기뻐할 때 하늘도 함께 웃도록.
그리고 네가 울던 날엔
그 자리에 눈물 한 방울을 고이셨지.
다시는 너의 고통이 헛되지 않도록.

네가 실수했을 때도
그 자리는 사라지지 않았어.
넘어졌을 때도
그 자리는 비워져 있었어.
심지어 네가
"난 자격이 없어."
라고 말했을 때도,
그분은 대답하셨지.

"나는 너를 위해 이 자리를 만들었다.
너만 앉을 수 있는 자리야."

우리는 종종
누군가의 마음에 들기 위해 애쓰며 살아.
하지만 잊지 마.

하나님의 마음에는
네 이름이 새겨진 자리가 있어.
그건 대체되지 않는 자리야.
조건도 없고, 경쟁도 없어.
그 자리는
"존재"만으로 충분한 자리야.

세상은 자격을 묻지만,
하나님은 어떠함을 묻지 않아.
그분은 이미 알고 계셔.
네가 얼마나 연약한지,
그리고 그 연약함 속에서도

얼마나 사랑받을 존재인지.

오늘도 그 자리는
조용히 너를 기다리고 있어.
하나님이 특별히 남겨둔,
그분 마음에만 있는 그 특별한 자리.

6장

너는 몰라도 나는 알아

"여호와께서 사람의 모든 길을 감찰하시며
그 모든 길을 능히 아시느니라."

잠언 5장 21절

너는 기억하지 못할 수도 있어.
너 자신을 미워하며
"나는 왜 이 모양일까…"
말없이 침대에 웅크리고 있던 밤을…
남들 앞에선 웃었지만,
혼자 있을 때는
자꾸만 가슴을 쓸어내리던 순간들을.

하지만 하나님은 기억하셔.
하나님은, 그 밤을 잊지 않으셨어.

너는 네 자신을 몰라

무너지듯 자책했지만,
하나님은 그때도 말씀하셨어.

"괜찮아! 너는 몰라도 나는 알아.
너의 마음도, 너의 고통도, 너의 원래 모습도
다 알아."

사람들은 네가 웃는 모습만 보았지.
눈물은 감추었고,
고통은 가려졌고,
말하고 싶어도 입술은 다물었지.
그래서 너는 혼자였어.

아니, 너는 혼자인 줄 알았지.
사실은,
하나님이 너의 옆자리에 계셨어.

말하지 않아도,
기도하지 않아도,
그분은 이미 알고 계셨어.
너의 속에 쌓인 말들,
입술까지 올라 왔다가 삼킨 분노,
깨지지 않으려고 안간힘 쓰며
억지로 버티던 마음.

너는 몰라도,
하나님은 다 알고 계셨어.

너의 가치도,
너의 깊이도,
너의 본래 빛도
하나님은 아셨어.

너는 너를 향해 고개를 저었지만,
하나님은 고개를 들고 너를 바라보셨어.
무너진 네 영혼의 벽돌을
하나하나 다시 쌓고 계셨어.

그분은 너를 탓하지 않아.
포기하지 않아.
그리고 너에게 말해.

"지금 이 모습 그대로도 괜찮아.
너는 몰라도, 나는 너를 알아.
그래서 나는 너를 사랑한다."

이 문장을 기억해 줘.
"너는 몰라도, 나는 알아."

그 말 한마디에
너의 고통이 품어지고,
너의 과거가 이해되고,
너의 존재가 받아들여지는 거야.

7장

실패해도 넌 나의 기쁨이야

"나는 엎드러질지라도 일어날 것이요,
어두운 데에 앉을지라도
여호와께서 나의 빛이 되실 것임이라."

미가 7장 8절

실패는 아프지.
그냥 아픈 게 아니라
존재 자체가 무너지는 것 같은 통증이 따라오지.
"괜찮아 다시하면 돼!!"라는 말보다,
"나는 안 돼."라는 목소리가 더 크게 들리는 날이 있어.

도전했다가 무너졌고,
믿었다가 배신당했고,
걷는것 같았지만 다시 주저앉았지.

그래서 네 안에선

이 말이 반복됐어.
"난 역시 안 되는 사람이야."

그때, 하나님은 조용히 너에게 다가오셨어.
그분은 절대 실패 앞에서
고개를 돌리시는 분이 아니야.

오히려,
가장 먼저 무릎 꿇고
네 옆에 조용히, 가만히 앉아주시는 분이야.

"괜찮아.
실패해도,
넌 여전히 나의 기쁨이야."

세상은 성공한 자를 높이지만

하나님은 넘어진 자를 안으셔.
하나님은 너의 결과보다
너의 태도를 먼저 보셔.
그분에게 중요한 건
결과가 아니라
너의 중심이야.

실패는 끝이 아니야.
가끔은
하나님께 더 가까이 가기 위한 비밀의 통로이기도 해.
네가 계획한 길이 끊어졌을 때,
그 길 끝에 하나님의 뜻이 기다리고 있었던 적도 많았잖아..?

하나님은 실패 속에서도

너를 향한 시선을 거두지 않으셔.
오히려
그때 더 많이, 더 깊이, 더 자주 너를 바라보셔.

그리고 말씀하셔.

"너는 내가 사랑하는 자녀란다.
너의 성공이 아니라,
너의 존재가
나의 기쁨이야."

하나님은
실패로 구겨진 이력서보다
눈물에 담긴 기도를 더 귀하게 여기셔.
그게 네가 얼마나 하나님께 가까운 사람인지
보여주는 증거거든.

그러니 기억해.
실패해도 괜찮아.
포기하지 않는다면
너는 이미 다시 일어선 거야.

그리고 무엇보다…
너는 여전히,
하나님의 기쁨이야.

8장

그 누구도 아닌 너라서

> "우리는 그가 만드신 바라 그리스도 예수 안에서
> 선한 일을 위하여 지으심을 받은자니
> 이 일은 하나님이 전에 예비하사
> 우리로 그 가운데서 행하게 하려 하심이라."
>
> **에베소서 2장 10절**

세상은 항상 비교의 무대야.
누구는 더 크고,
누구는 더 빠르고,
누구는 더 화려하지.

하지만 너는
그 누구도 아닌,
오직 너로 존재하는 하나뿐인 별이야.

하나님은 네가
남과 같기를 원하지 않아.
그분은 오히려

"너만이 될 수 있는 그 무엇"을 세상에 보여주길 바라서.

네가 누구인지,
어떤 모습인지,
얼마나 부족한지에 관계없이,
그저 너라는 이유만으로
하늘의 축복이 네게 쏟아져.

"왜 나인가?"
"왜 나는 이래야만 하는가?"
고민할 필요 없어.
그 질문 뒤에는
너를 향한 하나님의 특별한 계획이 숨쉬고 있는거야.

그 누구도 아닌!
오직 너만을 위해 준비된 길이 있어.
그 길은
너의 발자국마다 꽃길로 피어나고,
너의 숨결마다 생명이 깃드는 길이야.

네가 보잘것 없고, 작고, 못나 보였던 날들도
하나님은 그 모든 순간 속에서
너를 향한 변함없는 사랑을 노래하셨단다.

그래서 말하지만,
너는 그 누구도 아닌, 오직 너라서
세상에 단 하나뿐인 아름다운 걸작품인 거야.

9장

나의 시선은 늘 너를 향해

"여호와의 눈은 온 땅을 두루 감찰하사
전심으로 자기에게 향하는 자들을 위하여
능력을 베푸시나니…"

역대하 16장 9절

너는 몰라도 나는 알아.

너는 네 자신을 몰라서
무너지듯 자책하고
혼자 눈물로 밤을 지새웠지.

네가 말하지 않은 아픔,
네가 숨기고 싶어 했던 상처,
입술 사이에 삼킨 모든 말들까지
나는 다 알고 있어.

너는 네 마음 깊은 곳까지 내려가

외면하고 도망쳤지만,
나는 그 모든 걸 다 껴안았단다.

세상은 바빠서
너를 바라볼 여유가 없고,
사람들은 겉모습만 보며
속마음을 헤아리지 못했지.

그래서 너는
"나는 혼자야."
"아무도 내 마음을 몰라."
스스로를 위로하며 살아왔지만,

나는 달라.
내 눈은 너를 끝까지 바라보고
내 마음은 너를 놓지 않아.

네가 넘어졌을 때도
나는 너의 어깨를 감싸고
네가 무너져 있을 때도
너를 일으키기 위해 기다리고 있었어.

네가 아무 말 없이
슬픔 속에 잠길 때도
나는 네 옆에 조용히 서 있었단다.

네가 아무리 숨겨도
나는 네 안에 숨겨진 빛을 본단다.
네가 스스로 작고 무가치하다 느껴도
나는 너의 가치를 알고 있단다.

너는 세상에 단 하나뿐인
하나님의 걸작이며

사랑받기 위해 지어진 존재야.

그러니 너는 몰라도 나는 알아.
너의 고통, 너의 눈물, 너의 기도,
그리고 네가 다시 일어서려는
그 작은 의지까지도 다 알고 있어.

네가 외롭고 지쳐도,
나는 너를 위해 늘 여기 서 있단다.

이제 네 마음을 열고
내 사랑을 받아들이렴.
네가 어디에 있든,
내 시선은 늘 너를 향해 있어.

너는 결코 혼자가 아니야.

나는 너를 알고, 사랑하고, 지키는 너의 영원한 친구란다.

10장

너를 부를 때, 내 목소리가 떨리는 이유

"내가 너를 지명하여 불렀나니 너는 내 것이라."

이사야 43장 1절

이름을 부른다는 건
단순히 소리를 내는 게 아니야.
그건 마음을 거는 일이고,
한 사람의 존재 전체를
온 마음으로 붙잡는 일이야.

하나님은 널 부르실 때
그냥 부르시지 않아.
숨을 고르고, 가슴을 뜨겁게 품고,
심장을 흔들며 부르셔.

왜냐하면

너는 그저 그런 한 존재가 아니라
그분이 직접 만드신,
가장 깊은 사랑의 결정체이기 때문이야.

네가 너의 이름을
가볍게 여기던 날에도
하나님은 그 이름을
가장 아끼는 음성으로 부르셨어.

"애야…"
그 한 마디에는
세상의 모든 아픔을 녹여줄 수 있는 온기가 담겨 있어.

하나님은
널 부르실 때마다

그 안에 너의 모든 삶을 담으셔.

네가 울던 시간,
외면당한 순간,
참아냈던 고통,
웃음 뒤에 감춰진 진심,
그리고 아무도 몰랐던
너만의 상처까지.

그 모든 걸 담아
한 번,
"ㅇㅇ야" 하고 부르실 때,
하늘이 멈추고,
땅이 잠시 조용해질 만큼
진심으로 떨리는 음성이 되는 거야.

넌 몰랐을 수도 있어.
너를 부를 때마다
하나님의 음성이 왜 그렇게 느린것처럼,
왜 그렇게 작은 것처럼 들리는지.

그건
너를 잃고 싶지 않기 때문이야.

네가 멀어질까 봐,
포기할까 봐,
너 자신을 미워할까 봐,
그분은 언제나
네 이름을 부를 때
조심스럽고, 절절하게,
그리고 떨리는 목소리로 부르시는 거야.

그래서 네 이름은
그냥 글자가 아니라,
하나님의 눈물로 적힌 시 한 편이야.

한 줄 한 줄마다
네 인생의 계절이 담겨 있고,
그 모든 걸 사랑하는
아버지의 떨리는 마음이 담겨 있어.

혹시 오늘도
너무 지쳐서
아무 소리도 들리지 않는다면,
가만히 눈을 감고
들어봐.

네 마음 가장 깊은 곳에서

이렇게 울려올 거야.

"애야…
너를 부를 때마다
내 목소리가 떨리는 건…
내가 너를…
너 하나를…
끝까지 사랑하기…"

11장

네가 여기까지 온 이유

"여호와께서 여기까지 우리를 도우셨다 하고,
그 이름을 에벤에셀이라 하니라."

사무엘상 7장 12절

너는 지금,
도대체 어떻게 여기까지 온 걸까.
지금 돌아보면
도저히 설명할 수 없는 날들이 많았을 거야.

누가 봐도 무너질 만했고,
그만둘 이유가 충분했는데도
너는 여기까지 왔어.
그건 너 혼자 잘한 게 아니야.
하나님의 손이,
네 뒤에서 조용히 밀어준 거야.

사람들은 결과만 기억해.
"잘 버텼다."
"끝까지 해냈다."
그런 말로 쉽게 축하하지.

하지만 나는 알아.
그 말들 뒤에 숨어 있는
너의 밤들, 너의 울음, 너의 고요한 버팀을…!!!

너는 넘어졌던 적도 있었고,
심지어 주저앉았던 적도 있었지.
포기하려다가,
다시 한 번 기도했던 그 새벽을
하나님은 기억하고 계셔.

"하나님, 여기까지만 할게요."

그렇게 말한 날,
하나님은
"나는 아직 너와 끝나지 않았다."라고
속삭이셨지.

그 말이 없었다면
넌 진작 멈췄을 거야.

여기까지 온 건,
네 힘이 아니라
하나님의 동행이야.
기적 같은 하루하루였고,
보이지 않는 보호 아래 있었던 시간이야.

그래서 오늘,
하나님은 너에게 이렇게 말씀하셔.

"너, 여기까지 온 거…
아무도 몰라도
나는 다 안다.
그리고 참 잘 왔다,
정말 잘 왔다."

지금까지의 걸음도 귀했지만,
앞으로의 걸음은 내가 허락한
더 놀라운 은혜로 채워질 거야.

왜냐고?
너는 멈추지 않으니까!
계속 걷는 사람이니까!
하늘은 그런 널 응원하고,
천국은 그런 너를 기다려.
그러니 이제,

자신 있게 말하자.

"여기까지 오게 하신 분이
앞으로도 나를 이끄실 꺼야!!!"

12장

기억해~
너는 나의 기적이야!!

"내가 주께 감사하옴은 나를 지으심이
심히 기묘하심이라…
주께서 하시는 일이 기이함을
내 영혼이 잘 아나이다."

시편 139편 14절

넌 너를 평범하다고 생각했을 수도 있어.
특별할 것도 없고,
뛰어나지도 않고,
그저 그런 인생 같다고.

하지만 아니야.
하나님이 널 바라보실 때,
가장 먼저 떠오르는 단어는 '기적'이야.

기적은 멀리 있지 않아.
기적은
한 생명이 숨 쉬는 것,

넘어졌지만 다시 일어나는 것.
포기하지 않고 하루를 살아내는 것.

그리고…
네가 여기 있는 것 자체가 기적이야.

수많은 시간 중에
이 땅에 보낸 단 한 명.
그게 너야.

수많은 선택 중에
하나님이 너를 향해
"내가 기뻐하는 자다" 하신 거야.

넌 우연이 아니고,
실수도 아니야.

너는 하나님의 계획이었고,
그 사랑의 결정체야.

때때로 너는
스스로를 보며
"이게 뭐지?"
"왜 나는 이 모양이지?"
말할 때가 있었지.

하지만 하나님은
네 존재를 두고 이렇게 말씀하셔.

"나는 너를 너무 잘 알고 만들었다.
네가 모르는 아름다움도
내 손 안에 담겨 있다.
네가 스스로를 몰라도,

나는 너를 기적으로 여긴다."

너는 너 자신을
남과 비교할 수 있지만
하나님은 너만 보면 충분해.
그분은 네가 "기적이 되려고"
무언가를 하기를 원하시는 게 아니야.

이미
넌 존재 자체가 기적이야.

하나님은 네 하루하루를
무대 위에 올려두시고,
천사들과 함께
조용히 박수치고 계셔.

"애야, 오늘도 잘 버텼구나."
"너는 나의 기적이야.
내가 만든 최고의 작품이란다."

그러니 이제는 너도
그 기적을 믿어줘야 해.
누군가를 살릴 수 있는 존재로,
하늘의 사랑을 전할 수 있는 사람으로,
하나님의 감탄이 담긴 너로 살아줘야 해.

그리고 기억해,
언제 어디서든
하나님은 너에게 속삭이실 거야.

"나는 너 하나로 충분하다.
너는 나의 기적이야."

13장

네가 몰랐던 하늘의 환호성

―― ❈ ――

"내가 이르노니 이와 같이 죄인 한 사람이 회개하면
하나님의 사자들 앞에 기쁨이 되느니라."

누가복음 15장 10절

세상에선 환호를 받으려면
무언가를 보여줘야 해.
성과를 내거나,
무대 위에 오르거나,
사람들의 기준에 맞춰야 박수가 터져.

하지만 하늘은 달라.
하늘은 단 한 가지 이유로 너를 향해 환호한단다.
"네가 돌아왔기 때문에."
"네가 살아 있기 때문에."
"네가 여전히 그 자리에 있기 때문에."

그 어느 날,
너는 쓰러졌고,
기도하지도 못했고,
그저 깊은 탄식만 반복했지.

그런데 말이야,
그 순간에도
하늘은 조용히 소리를 질렀어.

"애가 아직 여기 있어!"
"애가 아직 포기 안 했어!"
"애가 오늘도 살아줬어!!"

하늘의 천사들은
너의 숨소리 하나에도
깊은 감동을 받는단다.

너의 한 걸음,
너의 조용한 결단,
너의 작디작은 '아멘' 한 마디에도
천국은 함성을 질러.

사람들은 몰라.
네가 얼마나 힘든 걸음이었는지.
겉으론 아무 일 없는 것처럼 보여도
사실은 울며 겨우 버틴 날이 있었잖아.

그런데 하나님은 알아.
그리고 그 순간
"애가 또 일어섰어!"
하고
천사들이 깃발을 들고
기뻐 춤추며 뛰는 거야.

너는 네가 작다고 느낄 때도
하나님은 너를 거인처럼 보셔.
너는 혼자 울었다고 느낄 때도
하나님은 네 눈물 한 방울에
영광의 관을 씌워주지.

기억해 두렴.
너는 단 한 번도
하나님 앞에 작았던 적이 없어.
하나님은 너를 기다렸고,
지켜보았고,
너를 위해 노래했어.

그리고 지금도,
이 글을 읽는 이 순간에도
하나님은 너를 향해 이렇게 외치고 계셔.

"내가 사랑하는 자여,
너의 이름만 불러도
나의 모든 천군천사가 함께 기뻐 뛰노느니라!"

그러니, 주저 말고
다시 고개를 들어.
네 존재 하나만으로
온 천국이 기뻐 소리쳤다는 사실을 기억해.

너는
하늘의 환호성을 듣고 태어난 존재야.
그리고 앞으로도
그 환호성 속에 살아갈 단 하나의 유일한 지체야.

14장

너는 여전히,
사랑받고 있어

"우리가 아직 죄인 되었을 때에
그리스도께서 우리를 위하여 죽으심으로
하나님께서 우리에 대한 자기의 사랑을 확증하셨느니라."
로마서 5장 8절

한때는 사랑받는다고 믿었지.
하지만 어느 날부턴가
너는 스스로 묻기 시작했어.

"내가 아직도 사랑받을 수 있을까?"
"이렇게 엉망인 나도 여전히 괜찮은 걸까?"

무너진 약속,
식어버린 열정,
기도도 잊은 채 살아가는 날들.

스스로가 싫어졌고,

마치 사랑받을 자격을
스스로 잃은 것처럼 느껴졌지.

그런데 친구야,
하나님의 사랑은
네가 한 행동으로 시작된 게 아니야.

그리고
네가 망친 걸로 끝나는 것도 아니야.

하나님의 사랑은
처음부터 끝까지,
조건이 없어.

너는 달라질 수 있어도
그분은 달라지지 않아.

네가 멀어질 수 있어도
그분은 절대 등을 돌리지 않아.

사랑은 한순간이 아니라
영원을 건 약속이야.
하나님은
이미 네 가장 어두운 모습까지 알고도
너를 위한 사랑을 선택하신 분이야.

그러니,
오늘 네가 아무리 지쳐 있어도
사랑받고 있다는 사실은
절대 바뀌지 않아.

너의 모든 나약함을 알고도
"내가 너를 사랑한다"고 말씀하시는 그분!

너의 실패까지 껴안고도
"나는 네 편이다" 하시는 그분!

그 사랑은
우릴 다시 시작할 수 있게 만들고,
무너진 마음에도 숨결을 불어넣지.

세상이 "넌 틀렸어."라고 외칠 때
하나님은 조용히, 하지만 확실하게 말해.

"얘야,
너는 여전히,
사랑받고 있어."

이젠 그 사랑을
피하지 말고,

의심하지 말고,
그냥 받아줘.

네가 자격이 있어서 받는 게 아니라,
하나님이 '너'라서 주시는 사랑이니까.

눈물 나는 오늘이더라도,
실패로 얼룩진 어제더라도,
하나님의 사랑은
오늘도 네 이름을 부르며 말해.

"너는 여전히,
내 사랑이야."

15장

너 하나로
하늘이 기뻐하는 이유

"너의 하나님 여호와가 너의 가운데에 계시니
그는 구원을 베푸실 전능자이시라
그가 너로 말미암아
기쁨을 이기지 못하시며
너를 잠잠히 사랑하시며
즐거이 부르며 기뻐하시리라."

스바냐 3장 17절

세상은 말해.
뭔가 이뤄야 한다고.
누구보다 잘해야 인정받는다고.
남보다 앞서야 가치 있다고.

하지만
하나님은 처음부터
그런 기준으로 너를 바라본 적 없어.

하나님은
너의 존재 자체로 기뻐하셔.
숨 쉬는 너,

그 자리에 있는 너,
지금 여기 살아 있는 너만으로
충분히 기쁘다고 말씀하셔.

하나님은 너를 볼 때
성과를 먼저 보지 않아.
상처부터 껴안고,
눈물부터 닦아 주고,
"잘했다"보다 먼저
"잘 왔다"고 안아 주셔.

기억나니?
너무 작아져서
스스로가 투명해진 것 같았던 날들.
누구에게도 보이지 않고
사라지고 싶었던 날들.

그런 날에도
하나님은 너를 보시며
"보아라, 저 아이가 살아 있다.
내 사랑이 저 아이를 붙들고 있다."
말씀하시며 기뻐하셨단다.

천군 천사들이
기적적인 사건 앞에서만 노래하는 게 아니야.
네가 '오늘'을 살아낸 순간
하늘은 이미
찬양과 춤과 환호로
너를 축하하고 있었어.

너 하나로 하늘이 기뻐하는 이유는
너에게 '하나님의 형상'이 새겨져 있기 때문이야.
그분의 숨결, 그분의 사랑, 그분의 마음이

너 안에 숨 쉬고 있으니까.

그걸 세상은 몰라.
그래서 널 낮추고, 흠잡고, 조급하게 몰아가.

하지만 하늘은 알아.
너 하나로도 기쁨이 차고 넘친다는 걸.
너 하나로도
하나님의 영광이 여전히 나타난다는 걸.

그리고 지금,
하나님은 네게 다시 말씀하셔.

"얘야,
너 때문에
오늘도 하늘이 노래하고 있단다.

너 하나만으로,
나는 충분히 기쁘단다."

세상은 끝없이 말해.
"더 되어야 해."
"더 가져야 해."

하지만 하나님은 지금도 이렇게 말씀하셔.

"넌 이미 나의 기쁨이야."
"나는 너 하나로 충분해."

16장

흔들려도, 결국은 빛나는 너에게

> "사람이 엎드러지면 어찌 일어나지 아니하겠으며
> 사람이 떠나갔으면 어찌 돌아오지 아니하겠느냐?"
>
> **예레미야 8장 4절**

너는 흔들렸지.
한두 번이 아니었어.
수없이 결심하고,
수없이 포기하고,
또 다시 시작했지.

때로는 너무 흔들려서
"나는 도대체 왜 이렇게 약하지?"
자책하며 울었던 밤도 있었지.

하지만 말이야,
흔들리는 건 약한 게 아니야.

살아있기 때문에 흔들리는 거고,
가슴이 여전히 뛰기 때문에 아픈 거야.

돌덩이는 흔들리지 않아.
하지만 생명은,
움직이고, 떨고, 다시 일어서지…

하나님은 네가 완벽하길 원하시지 않아.
진짜 하나님이 기뻐하시는 건,
흔들리면서도 다시 걸어 나오는 너의 걸음이야.

사람들이 너에게
"왜 또 흔들려?" 할 때,
하나님은 이렇게 말씀하셔.

"그래도 저 아이는 포기하지 않았다.

흔들려도, 다시 나를 바라봤다.
그게 얼마나 귀한지 아느냐."

내 친구야,
기억해.
네가 실패했다고 느낀 순간에도
하나님은 그 장면에 멈추고 감탄하셨단다.

"얘가 여기까지 왔다고?"
"저렇게 무너졌다가 또 일어났다고?"
그 모습이 하나님 보시기에는 너의 기도였고
너의 찬양이었고 너의 예배였단다.

빛은 완벽해서 나는 게 아니야.
어둠을 지나왔기에, 더 선명해지는 거야.
그리고 너는

그 어둠 한가운데에서
꺼지지 않고 살아낸
작고 위대한 빛이야.

사람들은 그걸 잘 몰라.
하지만 나는 알아.
흔들린다는 건 여전히 '살아있다'는 증거란 걸.

그리고 하나님은
그 흔들림 속에서조차
너를 기뻐하신다는 걸.

그러니,
지금 너의 마음이 조금 무너졌더라도 괜찮아.
숨이 가빠와도 괜찮아.
다시 일어나는 건

하나님이 가장 자랑스러워하시는 장면이니까.

세상은 끝까지 흔들려도
하나님은 끝까지
너를 빛으로 여겨.

그게 진실이야.
그게 하나님의 선언이야.

17장

네 안에 내가 심어둔
영원한 노래가 있지…

"너의 하나님 여호와 너의 가운데에 계시니…
그가 너로 말미암아 기쁨을 이기지 못하시며
즐거이 부르며 기뻐하시리라."

스바냐 3장 17절

세상이 너를 조용히, 가만히 있게 만들려 했지.
목소리를 죽이고,
표정을 감추게 만들고,
마음속 멜로디조차 사라지게 만들려 했지.

그런데 친구야,
넌 알고 있어.
아무리 억눌러도 꺼지지 않는 그 선율이
네 안에 흐르고 있다는 걸.

그 노래는 네가 만든 게 아니야.
하나님이 창세 전부터 너를 위해 만들어 두신

노래야.
너의 기질 안에,
너의 감정 안에,
너의 성격과 상처, 기쁨, 꿈 속에
조용히 새겨 두신 멜로디지.

너는 태어날 때부터
하나님의 음악을 들으며 자랐어.
세상 소리에 묻혀 잠시 잊었을 뿐,
그 노래는 단 한 순간도 멈춘 적이 없어.

가장 낮은 곳에 있었을 때도,
세상이 널 침묵시키려 할 때도,
그 노래는 네 안에서 울리고 있었어.
"얘야, 너는 나의 기쁨이다."
"너는 내 노래다, 너는 내 찬양이다."

하나님은
네가 웃을 때만 노래하지 않으셔.
네가 우는 순간에도,
그 눈물 위에 화음을 얹으셔.

"저 아이의 슬픔조차
내 안에서 아름다운 찬양이 되게 하리라."

너의 삶 전체가
하나님의 작곡이고,
너의 한마디 한마디가
하나님의 시구야.
그리고 그 모든 걸
하늘의 오케스트라가 연주하고 있어.

그러니, 이제는

네 안의 그 노래를 다시 들어줘.
멈춘 줄 알았지만 살아 있었던 그 멜로디를…

네가 다시 고개를 들고
숨을 고르는 바로 그 순간,
하나님은 또다시 네 안에서
기쁨의 노래를 부르기 시작하셔.

"얘야,
너는 내 찬양이다.
네가 있는 한
나는 노래할 것이다."

이 세상이 아무리 시끄러워도
하나님의 노래는 결코 묻히지 않아.
왜냐면,

그 노래는 너 안에서 울리기 때문이야.

18장

너는 사랑이 지나간 자리에 피어난 꽃

— ❈ —

"너희가 여러 가지 시험을 당하거든
온전히 기쁘게 여기라…
이는 너희 믿음의 시련이
인내를 만들어 내는 줄 너희가 앎이라."

야고보서 1장 2~3절

누군가 말했지.
사랑은 흔적을 남긴다고.

하지만 그 흔적이 꼭 달콤하고
아름다운 모양만은 아니야.

때로는
깊은 상처, 끝없는 기다림,
버려진 느낌, 오해와 이별의 형태로
사랑은 지나가.

그리고 너도 알지.

그 자리가 얼마나 아팠는지,
얼마나 긴 밤을 견뎠는지,
차마 누구에게도 말 못할 상처가
심장 밑바닥에 얼마나 오래 있었는지.

하지만 친구야,
그 자리에 지금,
꽃이 피고 있어.

눈물로 적신 흙에서만
피어나는 꽃이 있어.
그건
사랑이 스쳐간 자리에만 피어나는 것.
하나님이 지나가셨다는 증거,
그분이 머물렀다는 표식이야.

너는 쓰러졌지만,
다시 일어섰어.
버림받은 것 같았지만,
사실은 더 깊이 사랑받고 있었던 거야.

하나님은
네가 걸어간 고난의 자리마다
작은 씨를 심으셨고,
지금 그 씨는
기적처럼 피어나고 있어.

네가 참아낸 침묵,
흘린 눈물,
소리 없이 삼킨 기도…
그 모든 것이
사랑의 통로였다는 걸 이제는 알겠지?

그 사랑이
네 안에 남아
지금 너를 이렇게 피어나게 했어.

사람들은 네 꽃만 봐.
하지만 나는 알아.
그 꽃이 피기까지
얼마나 많은 계절을 견뎠는지.

그리고 하나님도 아셔.
그분은
"너를 외롭게 한 것이 아니라
삶의 깊이를 더 자라게 한 거야."
라고 말씀하셔.

그러니 이젠 자랑해도 돼.

네 안의 그 상처를,
그 꽃을,
그리고 그 자리를.

왜냐하면
그건 사랑이 지나간 자리니까.
하나님이 널 놓지 않으셨다는,
버리지 않고 그냥 지나가지 않으셨다는,
함께 걸으셨다는 흔적이니까.

19장

지금의 네가 가장 눈부셔

— ❈ —

"주의 인자하심이 생명보다 나으므로
내 입술이 주를 찬양할 것이라."

시편 63편 3절

지나온 길은
수없이 흔들리고 흔들렸지만,
그 모든 순간들이
지금 눈부시게 찬란한 빛을 네게서 찾아낸 거야.

완벽하지 않은 시간들,
때로는 무너져 내린 시간들도
하나하나가
너를 단단하고 아름답게 만든
작은 조각들임을 잊지 마.

누구도 너 대신 그 길을 걷지 못했고,

그 누구도 너처럼
그 눈물을 흘리지 않았어.

그래서 지금,
네 모습은 누구보다 특별하고,
가장 진실한 너만의 이야기야.

지금의 너는
하나님의 사랑과 은혜가
가장 선명하게 드러나는 순간이고,
네 삶에 새겨진 상처와 기쁨이 가장
아름다운 빛으로 반짝이는 때야.

하나님은 이미 알고 계셔.
너의 모든 아픔과 기쁨,
좌절과 승리가 어우러져

가장 눈부신 빛이 되었음을.

그리고 그 빛을 바라보며
천사들이 노래하고 있어.

이 순간,
네가 느끼는 모든 감정과 생각은
하나님이 만든 최고의 작품 앞에
가장 솔직한 너의 반응이야.

하나님은 그 모든 모습의 너를 사랑하고,
네가 지금 여기 있는 것만으로도
감탄하며 기뻐하신단다.

그러니
오늘도 네가 너 자신에게 속삭여 줘.

"지금의 내가 가장 눈부시다.
나는 사랑받는 존재다.
내 삶은 아름답다."

20장

내일은
또 다른 축복으로

"여호와는 네게 복을 주시고
너를 지키시기를 원하며,
여호와는 그의 얼굴을 네게 비추사
은혜 베푸시기를 원하며,
여호와는 그 얼굴을 네게로 향하여 드사
평강 주시기를 원하노라."

민수기 6장 24-26절

친구야,
너는 지금까지 얼마나 많은 싸움을 싸웠는가.
무수히 흔들리고 넘어졌지만,
그때마다 다시 일어나 길을 걸어왔다.

그 모든 날들이 모여
지금의 너를 만들었고,
그 모든 눈물과 기도들이 쌓여
하늘의 은총을 불러온 것이다.

내일은,
오늘과는 또 다른 얼굴로 다가올 것이야.

아직 너는 알지 못하는,
예상치 못한 선물들이
하나하나 너를 향해 다가오고 있다는 것을 기억하길 바래.

하나님은 결코 너를 버리지 않으신다.
오히려 너의 무릎 꿇음 속에서,
네가 쓰러진 자리에서
더 깊은 사랑과 은혜로 널 일으켜 세우신다는 걸 명심하길 바래.

내일의 햇살은
지금보다 더 부드럽고 따스하며,
내일의 바람은
지친 너의 어깨를 토닥이며 속삭일 것이야.

"애야, 너는 결코 혼자가 아니다."
"나는 늘 네 곁에 있다."

넘어지고 또 다시 일어나고,
무너지고 또 다시 굳건하게 서며, 걸어온 길이
결코 헛되지 않았다는 걸
하나님이 그렇게 말씀하신다는 걸 기억해라.

그분의 얼굴은 언제나 너를 향해 빛나고,
그분의 손은 너를 지키며,
그분의 마음은 끝없이 너를 사랑한다.

그 사랑은,
때로는 바람처럼 부드럽고,
때로는 폭풍처럼 강력하게,
때로는 고요한 강물처럼 깊고 넓다.

그리고 그 사랑은
네가 지친 순간에도,
절망 속에서도,
지금 이 순간에도 변함없다.

친구야,
내일은 또 다른 축복의 문이 열릴 것이다.
그 문 앞에서 네 심장은 다시 뛰고,
네 영혼은 새로운 노래를 부를 것이다.

그 노래는,
너의 삶을 아름답게 감싸는 하늘의 찬양이며,
너의 존재 자체가 기적임을 세상에 알리는 선포다.

그러니 두려워 말고,

내일을 향해 담대하게 걸어가라.
네가 무너지지 않을 이유가 있다면,
그건 바로 하나님이 너와 함께 걷기 때문이란다.

하나님은 너를 향한 복을 준비하시고,
그 복은 네가 상상하는 것보다 크고 깊으며,
너의 모든 눈물과 아픔 위에
찬란한 빛으로 드러날 것이다.

이제는 확신해 봐.
너는 결코 홀로가 아니며,
너는 언제나 사랑받는 존재라는 것을.

그리고 그 사랑이
너를 앞으로 나아가게 할 힘이라는 것을.

사랑하는 내 친구여,
이 책을 마무리하며 너에게 말한다.

"내일은 소망 가득한 또 다른 복으로"
네 삶 속에 임할 그 환희를 믿으며,
하늘의 약속을 붙잡고
끝까지 나아가라.

너는,
더 특별할 수 없을 만큼 특별한 존재이며,
더 잘할 수 없을 만큼 잘 하고 있고
최고로 아름답게 빛나는 사람이란다.

그 빛으로 세상을 비추며,
하나님의 사랑을 전하는 삶을 살길 소망하며
기도할께.

하나님과 내가 함께 걷는 이 길…
우리들의 이야기…

너의 빛나는 내일을 예수님의 이름으로 축복한다.
아멘.

나 만군의 주 여호와가 세상 끝날까지 너와 함께 하리라!!!

에필로그

사랑하는 독자 여러분

지금 이 글을 마무리하며, 진심으로 여러분 한 사람 한 사람의 삶 위에 하나님의 깊은 사랑과 은혜가 충만히 임하시길 기도합니다.

우리는 모두 이 세상 가운데서 흔들리고 넘어지며, 때로는 길을 잃기도 하지만, 그럼에도 불구하고 '더 특별할 수 없을 만큼 특별한 존재' 임을 기억할 때 비로소 진정한 빛과 소망을 발견하게 됩니다.

여러분의 마음 속에 그 불멸의 진리가 새겨지

고, 매일매일 하나님의 사랑으로 일어서며 걸어가는 걸음마다 하늘의 복과 평강이 함께 하시길 소망합니다.

끝까지 함께 걸어온 이 여정이 삶의 무게 속에서 지친 영혼들에게 작은 위로와 큰 용기가 되었기를 바랍니다.

감사합니다.

늘 여러분 곁에서 기도하며 응원하는
장 희 연 드림